ORDONNANCE DU ROI,

Concernant les Gardes du Pavillon & de la Marine, & les Volontaires.

Du 14 Septembre 1764.

DE PAR LE ROI.

SA MAJESTÉ s'étant fait représenter l'ordonnance du 11 janvier 1762, portant fixation du nombre des Gardes de la Marine, & règlement pour leur solde, ainsi que celles des 18 novembre 1716 & 7 juillet 1732, concernant l'établissement de la compagnie des Gardes du Pavillon-amiral: Et jugeant à propos de faire quelques changemens à la composition desdites compagnies; desirant aussi expliquer ses intentions sur ce qui concerne leur instruction, Elle a ordonné & ordonne ce qui suit:

ARTICLE PREMIER.

Fixation du nombre des Gardes de la Marine.

LES trois compagnies des Gardes de la Marine entretenus dans les ports de Brest, Toulon & Rochefort, seront à l'avenir chacune composées de quatre-vingts Gardes de la Marine; elles auront trois Hautbois & deux Tambours.

II.

Officiers préposés aux trois compagnies des Gardes de la Marine.

CHACUNE de ces trois compagnies sera commandée par

Un Capitaine de vaisseau;

Un Capitaine de frégate, qui en sera le Lieutenant en premier;

Deux Lieutenans de vaisseaux, qui en seront les Lieutenans en second;

Deux autres Lieutenans de vaisseaux, qui en seront les Chefs de brigade;

Et huit Enseignes de vaisseaux, dont les quatre premiers en seront les Brigadiers, & les quatre autres les Sous-brigadiers; voulant Sa Majesté que les places de Brigadiers & de Sous-brigadiers, ne soient dorénavant remplies que par des Enseignes de vaisseaux.

III.

Appointemens & supplémens d'appointemens desdits Officiers.

LES Officiers attachés à ces compagnies, jouiront, outre les appointemens attribués à leurs grades dans la Marine, des supplémens d'appointemens ci-après, par an;

SAVOIR;

Les Capitaines de vaisseaux Commandans desdites compagnies, de deux mille quatre cents livres chacun.

Les Capitaines de frégates Lieutenans en premier desdites compagnies, de mille livres chacun.

Les Lieutenans de vaisseaux Lieutenans desdites compagnies, de six cents livres chacun.

Les Lieutenans de vaisseaux Chefs de brigade desdites compagnies, de quatre cents livres chacun.

Les Enseignes de vaisseaux Brigadiers desdites compagnies, de trois cents livres chacun.

Les Enseignes de vaisseaux Sous-brigadiers desdites compagnies, de deux cents livres chacun.

IV.

LES supplémens d'appointemens réglés par l'article précédent, pour les Officiers de la Marine attachés aux compagnies des Gardes de la Marine, cesseront d'avoir lieu pour ceux de ces Officiers qui en quitteront les fonctions; & alors ils ne jouiront que des appointemens attribués à leurs grades respectifs dans la Marine.

V.

Solde des Gardes de la Marine.

LES Gardes de la Marine, continueront d'être payés sur le pied par an de trois cents soixante livres à chacun.

VI.

Solde des Hautbois & Tambours.

LES Hautbois seront payés sur le pied par an de quatre cents quatre-vingts livres à chacun, & les Tambours sur le pied par an de deux cents quatre-vingt-huit livres.

VII.

Choix des Gardes, conditions & réceptions.

LE choix des Gardes de la Marine, sera fait par Sa Majesté; il n'en sera reçu aucun, s'il n'est Gentilhomme: ils pourront être reçus dès l'âge de quatorze ans, il sera par eux rapporté des pièces authentiques de leur Noblesse & leur extrait baptistaire dûment légalisé qu'ils seront tenus de présenter en arrivant au département, au Commandant de la compagnie.

VIII.

Réception suspendue, dans quel cas.

SI le Sujet qui se présente avoit quelque difformité corporelle, veut Sa Majesté en ce cas que le Commandant suspende sa réception, en rende compte au Secrétaire d'État ayant le département de la Marine, & qu'il attende de nouveaux ordres de Sa Majesté.

IX.

Ce qui sera observé lors de la nomination aux places vacantes.

LORS de la nomination aux places vacantes, Sa Majesté aura particulièrement égard aux jeunes Gentilshommes qui auront déjà fait campagne de Volontaire sur ses vaisseaux, ou même sur les bâtimens des particuliers, ce qu'ils constateront en rapportant des certificats de leurs Capitaines & des Commissaires chargés du détail des classes, dans lesquels il sera fait mention du lieu & de la durée de chaque campagne.

X.

Préférence aux enfans au Corps.

SA MAJESTÉ voulant bien accorder la préférence aux enfans des Officiers de la Marine, à mérite égal, pour leur procurer les moyens de s'en rendre dignes; permet aux Commandans de ses vaisseaux d'embarquer avec eux en qualité de Volontaires leurs fils & leurs propres neveux à l'âge de douze à treize ans.

XI.

Rang des Gardes de la Marine entr'eux.

LES Gardes de la Marine ne prendront rang entr'eux que du jour qu'ils auront fait enregistrer leurs certificats au Contrôle de la Marine de leur département, quelle que soit la date des certificats.

XII.

Certificats nuls, en quel cas.

LES certificats des Gardes de la Marine, qui ne seront pas rendus dans leur département quatre mois après le jour & la date de leurs expéditions, demeureront nuls: défend Sa Majesté aux Commandans de chaque compagnie d'y avoir égard.

XIII.

Ils tireront au sort s'ils se présentent plusieurs à la fois.

SI plusieurs Gardes de la Marine se présentent dans le département le même jour, ils tireront au sort devant leur Commandant pour décider de leur ancienneté & de l'ordre dans lequel ils doivent être enregistrés au Contrôle.

XIV.

Rang de ceux enregistrés le même jour dans les différens départemens.

SI les Gardes de la Marine, de différens départemens, se trouvent enregistrés du même jour, ils auront entr'eux le rang que Sa Majesté leur aura donné dans la liste générale.

XV.

Fixation du nombre des Gardes du Pavillon-amiral, & des Officiers qui y seront préposés, appointemens & solde.

LA compagnie des Gardes du Pavillon-amiral, établie par les ordonnances des 18 novembre 1716 & 7 juillet 1732, sera composée:

SAVOIR;

D'un Capitaine qui sera payé à six mille livres par an.

Un Lieutenant en premier, à trois mille livres.

Deux Lieutenans en second, à deux mille deux cents livres.

Deux Chefs de brigade, à deux mille livres chacun.

Quatre Brigadiers, à onze cents livres chacun.

Quatre Sous-brigadiers, à mille livres chacun.

Et de quatre-vingts Gardes qui feront toujours tirés des trois compagnies des Gardes de la Marine, & qui feront payés à quatre cents trente-deux livres chacun.

Seront toujours tirés des Gardes de la Marine.

Elle aura deux Tambours qui feront payés fur le pied de deux cents quatre-vingt-huit livres à chacun.

XVI.

LES Officiers de ladite compagnie auront rang de la date de leurs commiffions & brevets :

Rang des Officiers.

SAVOIR;

Le Capitaine, rang de Capitaine de vaiffeau.

Le Lieutenant en premier, rang de Capitaine de frégate.

Les Lieutenans en fecond & les Chefs de brigade, rang de Lieutenans de vaiffeaux.

Les Brigadiers & Sous-brigadiers, rang d'Enfeignes de vaiffeaux.

Et s'ils avoient déjà le même grade ou autre fupérieur avant d'être choifis pour Officiers de ladite compagnie, ils en conferveront le rang & l'ancienneté.

XVII.

LES Officiers de ladite compagnie & les Gardes, feront préfentés par l'Amiral à Sa Majefté, & il leur fera expédié en conféquence les commiffions, brevets ou ordres en vertu defquels ils iront joindre la compagnie. L'Amiral ne pourra néanmoins propofer à Sa Majefté, pour les emplois vacans dans ladite compagnie, que des fujets, qui, conformément aux difpofitions des articles X, XI, XII & XIII de l'ordonnance de ce même jour, concernant les Officiers de la marine, auront le temps & les fervices néceffaires pour acquérir les grades de la marine, dont lefdits emplois donneroient le rang.

L'Amiral préfentera les Officiers & les Gardes de la compagnie du Pavillon-amiral; conditions requifes dans les fujets propofés.

XVIII.

LA compagnie des Gardes du Pavillon-amiral, fera partagée en deux détachemens égaux, l'un pour le port de Breft & l'autre pour celui de Toulon.

Lieux de la réfidence des Gardes du Pavillon.

X I X.

Résidence du Commandant de la compagnie.

LE Commandant de la compagnie des Gardes du Pavillon-amiral, pourra demeurer par-tout où sera l'Amiral; & en cas que l'Amiral n'aille point à la mer, ledit Commandant aura le choix de servir dans l'un des deux ports de Brest ou de Toulon; & il sera payé comme présent à ses fonctions, quand il sera à la suite de l'Amiral.

X X.

Rang des Gardes du Pavillon & de la Marine entr'eux.

LES Gardes du Pavillon & de la Marine, conserveront entr'eux leur rang d'ancienneté, du jour de la date de l'enregistrement de leurs certificats de Gardes de la Marine.

X X I.

Garde dans le port chez l'Amiral.

LORSQUE l'Amiral sera dans un port, les Officiers & les Gardes du Pavillon qui s'y trouveront, feront la garde continuelle dans son appartement; si le nombre des Gardes du Pavillon n'est pas suffisant, il sera fourni tous les jours un supplément par la compagnie des Gardes de la Marine.

X X I I.

Honneurs rendus par la Garde.

LES Gardes du Pavillon, de garde dans l'appartement de l'Amiral, ne prendront les armes que pour les Princes du Sang ou légitimés de France, les Maréchaux de France, les Vice-amiraux & le Commandant en chef de ladite compagnie.

La sentinelle frappera trois fois du talon contre le parquet pour les Lieutenans généraux, & deux fois pour les Chefs d'escadre.

X X I I I.

Garde du Vice-amiral Maréchal de France.

UN Vice-amiral Maréchal de France, se trouvant dans le port, l'Amiral absent, l'Officier commandant les Gardes du Pavillon, lui fournira quinze Gardes avec un Officier pour faire la garde dans son appartement.

X X I V.

Garde due seulement au plus ancien des Vice-amiraux.

SI les Vice-amiraux se trouvent ensemble dans le port, & qu'ils soient Maréchaux de France, il ne sera donné de garde qu'à celui qui commandera.

XXV.

LES Gardes du Pavillon, de garde à terre dans l'appartement du Vice-amiral Maréchal de France, ne prendront les armes & ne frapperont du talon que pour les personnes mentionnées dans l'article XXII ci-dessus.

Honneurs rendus par la Garde.

XXVI.

DANS toutes les occasions où les compagnies des Gardes du Pavillon-amiral & de la Marine, prendront les armes ensemble, la compagnie des Gardes du Pavillon aura la droite sur celle des Gardes de la Marine; dans ce cas & pendant les écoles, les deux corps seront commandés par l'Officier supérieur ou le plus ancien des deux compagnies; le même ordre aura lieu pour les autres Officiers desdites compagnies.

Les Gardes du Pavillon-amiral auront la droite sur les Gardes de la Marine.

XXVII.

LES Officiers des compagnies auront respectivement le droit d'en imposer, de mettre en prison les Gardes qu'ils trouveront en faute dans quelque occasion & en quelque lieu que ce soit, ils en rendront compte sur le champ au Commandant de la compagnie du Garde délinquant.

Droits respectifs aux Officiers de chaque compagnie, de réprimer les Gardes qui se trouveroient en faute.

XXVIII.

ORDONNE Sa Majesté, sous peine d'interdiction, aux Commandans & Officiers des compagnies, de veiller sur la conduite des Gardes du Pavillon & de la Marine, d'empêcher qu'ils ne commettent des désordres, & qu'ils ne troublent en aucune manière le repos public. Enjoint au Commandant du port d'y tenir la main & de rendre compte sur le champ à Sa Majesté des manquemens en ce genre qui viendroient à sa connoissance.

XXIX.

LES Gardes du Pavillon & de la Marine, ne pourront s'éloigner du port de plus d'une lieue sans congé, ni sortir de la ville avec des fusils sans permission, à peine de prison pour la première fois, & de cassation en cas de récidive.

Défenses aux Gardes de porter des fusils & de s'éloigner du port de plus d'une lieue sans permission.

XXX.

Défense de quitter le service sans permission.

ILS ne pourront quitter le service sans en avoir obtenu la permission de Sa Majesté, à peine d'un an de prison, & d'être regardés comme inhabiles à remplir aucun emploi au service du Roi.

XXXI.

Défense d'excéder le temps fixé par les congés.

LES Gardes qui ayant obtenu des congés de Sa Majesté, ne se rendront pas dans leur département au temps fixé, seront mis en prison & privés de leur solde autant de jours qu'ils auront excédé le terme dudit congé.

XXXII.

Défense de se marier.

DÉFEND Sa Majesté à tous Gardes de se marier, sous peine d'être renvoyés de son service.

XXXIII.

Détachemens des Gardes sur les vaisseaux par tour de service.

LES détachemens des Gardes du Pavillon & de la Marine, destinés à être embarqués, seront faits par leurs Commandans, qui observeront de les prendre par tour de service, sans aucune préférence; voulant Sa Majesté que chacun aille à la mer à son tour : Elle enjoint au Commandant du port d'y tenir la main.

XXXIV.

Liste double des détachemens, remise au Commandant du port.

LA liste des détachemens des Gardes embarqués, sera remise double par le Commandant des Gardes au Commandant du port, qui en gardera une & fera passer l'autre à l'Intendant de la Marine.

XXXV.

Par qui sera commandé chaque détachement.

CHAQUE détachement sera commandé par un Officier de la compagnie, & à son défaut par le Garde le plus ancien du détachement.

XXXVI.

Détachement composé de deux compagnies.

LES Gardes des compagnies du Pavillon-amiral & de la Marine se trouvant mêlés dans le même détachement, prendront rang entr'eux du jour de la date de leur entrée au service, le plus ancien commandera le tout.

XXXVII.

Tous les Gardes détachés pour servir sur les vaisseaux d'une armée ou escadre, seront présentés par leur Officier supérieur au Commandant du port & au Général qui commandera l'armée.

Ces détachemens seront présentés aux Commandans.

Chaque détachement sera présenté par son Commandant particulier au Capitaine du vaisseau sur lequel il est destiné, & lui demandera ses ordres.

XXXVIII.

Le nombre des Gardes de chaque détachement sera fixé par Sa Majesté selon le rang des vaisseaux ou l'objet des campagnes.

Nombre des Gardes embarqués.

XXXIX.

Le plus ancien des Officiers des Gardes de la Marine, embarqué sur chaque escadre, sera particulièrement chargé de veiller à leur conduite; il en informera le Général, & prendra ses ordres dans tous les cas qui pourroient arriver; il en sera de même de l'Officier de la compagnie des Gardes du Pavillon pour les Gardes de ladite compagnie.

Le plus ancien Officier embarqué sur chaque escadre, veillera à la conduite des Gardes.

XL.

Les Officiers desdites compagnies seront embarqués par tour de service sur les vaisseaux, suivant leur grade; ils seront présentés au Commandant du port par leurs Commandans, qui observeront qu'il en reste toujours dans le port un nombre suffisant pour le maintien de la discipline des écoles.

Les Officiers des compagnies embarqueront par tour.

XLI.

Les Officiers des compagnies des Gardes du Pavillon & de la Marine, embarqués sur les vaisseaux, y feront le service avec les autres Officiers de la Marine, suivant leur rang d'ancienneté & leur grade.

Les Officiers embarqués feront le service du vaisseau.

XLII.

Lorsque l'Amiral commandera l'armée, il sera embarqué sur son vaisseau tel nombre de Gardes du Pavillon qu'il voudra, lesquels feront la garde à la porte de sa chambre, ils ne prendront les armes que pour sa

Gardes du Pavillon embarqués sur le vaisseau commandé par l'Amiral.

personne & pour celles mentionnées dans l'article XXII ci-dessus, il fera embarquer les autres Gardes sur tel vaisseau qu'il ordonnera.

XLIII.

L'Amiral y joindra tel nombre de Gardes de la Marine qu'il voudra.

Si l'Amiral juge à propos de mettre, sur le vaisseau qu'il montera, un plus grand nombre de Gardes qu'il ne s'en trouvera dans le port dans la compagnie du Pavillon-amiral, il y joindra tel nombre de Gardes de la Marine qu'il voudra, ils feront le même service que les Gardes du Pavillon, seront commandés par les Officiers de ladite compagnie; & après la campagne, les Gardes de la Marine rejoindront leur troupe.

XLIV.

Détachement pour un Vice-amiral.

Si l'armée ou l'escadre est commandée par un Vice-amiral, il sera embarqué sur son vaisseau la moitié du détachement des Gardes du Pavillon qui doit se trouver dans le port, avec un Officier.

XLV.

Détachement pour un Vice-Amiral portant le Pavillon carré.

Si un Vice-amiral a permission de porter le Pavillon carré au grand mât, il sera embarqué sur son bord les deux tiers du détachement qui doit se trouver dans le port.

Ce détachement sera commandé par un Lieutenant de la compagnie; le tiers restant des Gardes du Pavillon sera commandé par un Chef de brigade & formera le détachement du second Pavillon.

XLVI.

Détachement d'un Contre-amiral.

Si une escadre est commandée par un Lieutenant général ou Chef d'escadre portant Pavillon de Contre-Amiral, il sera détaché sur son vaisseau un Brigadier avec quinze Gardes du Pavillon.

XLVII.

Détachement de l'Officier général portant le guidon ou la cornette.

Si l'Officier général ne porte que le guidon ou la cornette, son détachement sera de douze Gardes du Pavillon, commandés par un Sous-brigadier.

XLVIII.

Garde à bord du Vice-amiral.

Les Gardes du Pavillon feront la garde dans le vaisseau à la porte du Vice-amiral.

XLIX.

SI les Gardes du Pavillon ſont détachés ſur le vaiſſeau d'un Lieutenant général ou Chef d'eſcadre Commandant en chef, ils feront la garde à ſa porte quand il le jugera à propos, mais pendant le jour ſeulement, & lorſqu'il ſera à l'ancre; ils prendront les armes pour ſa perſonne & pour celles mentionnées dans l'article XXII. Lorſque le vaiſſeau ſera à la voile, au lieu de garde ils feront régulièrement le quart avec les Officiers du vaiſſeau.

Garde à bord du Lieutenant général ou Chef d'eſcadre.

L.

LES détachemens appartenans aux Gardes du Pavillon étant faits, les détachemens des autres vaiſſeaux ſeront compoſés des Gardes du Pavillon & des Gardes de la Marine, de manière que le nombre des Gardes de chaque corps embarqué ſur toute l'eſcadre ſoit toujours en proportion du nombre des Gardes de chaque compagnie qui ſeront dans le port.

Détachement des Gardes ſur les autres vaiſſeaux.

LI.

IL ſera fourni à la mer aux Gardes du Pavillon & de la Marine, outre leur ſolde ordinaire, deux rations qui leur ſeront payées en argent par le Tréſorier de la Marine, ſur un ordre de l'Intendant du port, à moins qu'ils ne préfèrent de les prendre en nature.

Il ſera fourni deux rations à chaque Garde.

LII.

LES Gardes du Pavillon & de la Marine, embarqués ſur les vaiſſeaux, ſe porteront avec zèle à toutes les manœuvres.

Ils feront le quart.

Ils ſeront partagés à la mer ſous les ordres des Officiers chargés du quart; ils le feront exactement jour & nuit.

Les Officiers de quart les interrogeront & les inſtruiront ſur toutes les manœuvres, en leur expliquant les occaſions où il eſt à propos de les exécuter.

LIII.

ILS occuperont dans le combat le poſte que le Capitaine jugera à propos de leur donner.

Poſte dans le combat.

L I V.

Leur instruction à la mer.

POUR cultiver & entretenir à la mer les connoiſſances que les Gardes auront priſes dans les écoles, le Commandant du détachement prendra les ordres du Capitaine de vaiſſeau pour régler les heures convenables aux leçons de manœuvre, de pilotage & de canonnage, qui leur ſeront données chaque jour par le premier Maître d'équipage, le premier maître Pilote & le maitre Canonnier: le Commandant du détachement y ſera toujours préſent.

L V.

Ils feront leurs journaux à la mer.

LES Gardes du Pavillon & de la Marine, capables de faire leurs journaux à la mer, ſeront obligés de les repréſenter à leur Officier & au Capitaine commandant le vaiſſeau, auxquels ils donneront tous les jours leurs points; leſdits journaux ſeront à leur retour examinés par les Commandans de leur compagnie & le maître d'Hidrographie qui leur fera remarquer les fautes qu'ils auront pu faire.

L V I.

Permiſſion d'aller à terre.

LES Gardes embarqués ſur un vaiſſeau, ne pourront aller à terre ſans la permiſſion de leur Officier particulier, quand même ils l'auroient obtenue de l'Officier commandant le vaiſſeau.

L V I I.

Par qui ils ſeront commandés en cas de deſcente.

EN cas de deſcente, ils ſeront toujours commandés par leur Officier à l'excluſion de ceux des vaiſſeaux qui ſeroient les plus anciens.

L V I I I.

En quel cas ils commanderont les Maîtres à la mer.

SI par les événemens d'un combat ou quelqu'autre cauſe que ce ſoit, un vaiſſeau ſe trouvoit ſans Officier de la Marine; veut Sa Majeſté que le commandement en appartienne au plus ancien Garde du Pavillon ou de la Marine préférablement au Maître & au Pilote.

L I X.

Certificats de bonne conduite au retour de la mer.

AU retour des campagnes, l'Officier ou le plus ancien des Gardes qui commandera le détachement de chaque vaiſſeau, ſera obligé de demander au Capitaine, ſous les ordres duquel il viendra de servir, un double certificat de bonne conduite, dans lequel chaque Garde sera apostillé sur ses bonnes ou mauvaises qualités & le plus ou le moins de progrès qu'il aura faits dans sa campagne.

L X.

A qui ces certificats seront remis.

CES certificats seront remis par chaque Commandant de détachement au Commandant de sa compagnie, qui en conservera un & remettra l'autre au Commandant du port.

L X I.

Différens Maîtres, établis pour l'instruction des Gardes dans le port.

IL sera entretenu dans les ports de Brest, Toulon & Rochefort, pour l'instruction des Gardes du Pavillon & de la Marine, des maîtres de Mathématiques, d'Hidrographie, de Dessein, de Construction, d'Escrime & de Danse; & il sera détaché du port un maître d'Équipage & un maître Canonnier pour leur enseigner la manœuvre & le canonnage.

L X I I.

Heure de l'assemblée.

LES Officiers des compagnies & les Gardes s'assembleront à sept heures du matin en été & à huit heures en hiver, dans une salle de leur hôtel qui leur sera désignée.

Qui commandera l'École.

Il s'y trouvera toujours au moins un Officier de chaque compagnie, d'un grade supérieur à celui d'Enseigne de vaisseau, le plus ancien commandera l'école : Sa Majesté lui recommande expressément de faire respecter tous les Maîtres par les Gardes; voulant que ceux desdits Gardes à qui il arriveroit de leur manquer soient punis exemplairement.

Déférence des Gardes pour les Maîtres.

L X I I I.

Appel & Messe.

LES Brigadiers & Sous-brigadiers feront l'appel de leurs brigades après avoir rendu compte au plus ancien Officier de chaque compagnie, des absens & des malades, s'il y en a; ils conduiront les Gardes à la Messe qui sera dite dans leur chapelle par leur Aumônier.

L X I V.

Temps de leur instruction.

APRÈS la Messe, les Gardes passeront dans les différentes salles destinées à leur instruction qui durera jusqu'à onze heures du matin.

Les écoles recommenceront après midi, depuis deux heures jufqu'à cinq en été & jufqu'à quatre en hiver.

L X V.

Ordre à obferver dans la diftribution des inftructions.

POUR éviter la confufion, faire en forte que tous les Gardes foient occupés, ne donner à chaque maître que le nombre de Gardes qu'il peut inftruire, proportionner les inftructions à leurs connoiffances, les compagnies feront divifées en plufieurs détachemens; obfervant autant qu'il fera poffible que les Gardes deftinés à prendre leçons enfemble, foient de même capacité.

L X V I.

Suite de l'ordre à obferver.

CES détachemens pafferont fucceffivement à chaque leçon un temps fuffifant pour en profiter, mais combiné de manière que tous puiffent prendre dans le jour les inftructions qui leur conviennent.

L X V I I.

Brigadiers ou Sous-brigadiers préfens aux inftructions.

IL y aura toujours dans chaque falle un Brigadier ou un Sous-brigadier pour y faire obferver l'ordre, obliger les Gardes de porter toute leur attention aux inftructions qui leur feront données, empêcher qu'ils ne fortent fans permiffion jufqu'au temps fixé pour paffer à une autre étude, où le même Officier les conduira.

L X V I I I.

Salle de danfe & d'efcrime.

LES maîtres d'Efcrime & de Danfe ne pouvant chacun donner leçon qu'à deux Gardes au plus à la fois, l'Officier prépofé à ces falles aura l'attention de n'y fouffrir que les Gardes qui prendront leçon, les faifant paffer enfuite à la manœuvre, aux canons & aux autres occupations qui peuvent s'interrompre fans inconvénient.

L X I X.

Sentinelle.

IMMÉDIATEMENT après l'appel du matin & du foir, il fera mis aux portes d'entrée du lieu deftiné aux écoles, des fentinelles fournies feulement de la compagnie des Gardes de la Marine.

L X X.

Configne.

IL fera configné aux fentinelles, fous peine de prifon,

de ne laiſſer ſortir aucun Garde ſans la permiſſion de l'Officier Commandant.

Tout Garde qui, ne s'étant pas trouvé à l'appel, ſe préſentera pour entrer aux écoles, ſera arrêté par la ſentinelle, & remis par elle à l'Officier de poſe pour être conduit au Commandant qui examinera ſes raiſons.

LXXI.

Aucun étranger ne pourra entrer dans les ſalles, ſans permiſſion.

NUL étranger, ſoit par curioſité, ſoit pour affaire particulière, ne pourra entrer dans les ſalles d'exercices, ſans qu'il ait été préſenté au Commandant de l'école qui ſeul peut en donner la permiſſion.

LXXII.

Les ſeuls Gardes admis aux ſalles.

IL ne ſera admis aux exercices & aux inſtructions des Gardes, qui que ce ſoit, s'il n'en a obtenu l'agrément par un ordre exprès de Sa Majeſté.

LXXIII.

Cours d'étude.

IL ſera compoſé, par ordre de Sa Majeſté, un cours d'élémens des différentes Sciences qui conviennent au ſervice de la Marine; cet ouvrage ſera commun aux trois ports, il ſervira de point fixe aux examens que Sa Majeſté ſe propoſe d'établir; & par cette unité d'inſtruction, les Gardes qui changeront de département, reprendront facilement le cours de leurs études.

LXXIV.

Subdiviſion des claſſes.

Baſſe claſſe.

CES élémens ſeront diviſés en trois parties, chaque compagnie ſera diviſée en trois claſſes, chaque claſſe ſubdiviſée en leçons; les nouveaux Gardes ſeront obligés d'apprendre la première partie de cet ouvrage, & formeront la plus baſſe claſſe.

LXXV.

Seconde claſſe.

ILS paſſeront enſuite à l'étude de la ſeconde partie, & formeront alors la ſeconde claſſe.

LXXVI.

Haute claſſe.

CEUX qui étudieront la troiſième partie, formeront la dernière & la plus haute claſſe.

LXXVII.

Examen par le Commandant.

Le Commandant de chaque compagnie fera tous les ſamedis, l'examen des progrès du travail de la ſemaine; cet examen ſe répètera devant le Commandant du port, toutes les fois qu'il l'exigera.

LXXVIII.

Supplément d'étude.

Si quelques Gardes, après avoir fini le cours d'étude d'obligation, veulent étendre plus loin leurs connoiſſances, le Commandant preſcrira aux Maîtres de leur en faciliter l'étude par des leçons particulières.

LXXIX.

Temps pour chaque claſſe.

Veut Sa Majeſté que l'ancienneté ne ſoit de nulle conſidération dans la formation des trois claſſes, le temps d'y reſter ne ſera point fixé, la ſeule règle pour paſſer d'une claſſe à l'autre, ſera d'en avoir été jugé capable: Recommandant expreſſément Sa Majeſté aux Commandans des compagnies de ne faire paſſer un Garde d'une claſſe inférieure à une ſupérieure, qu'après s'être aſſurés par eux-mêmes, & de l'avis des Maîtres, de la capacité du ſujet.

LXXX.

Les Gardes de la baſſe-claſſe ne ſeront point embarqués.

Défend Sa Majeſté qu'aucun nouveau Garde ne ſoit embarqué, s'il n'a fait le cours d'étude de la plus baſſe claſſe, & mérité après un examen de paſſer dans la ſeconde.

LXXXI.

Examen public par un Examinateur envoyé par Sa Majeſté.

Il ſera envoyé chaque année, par ordre de Sa Majeſté, un Examinateur pour interroger les Gardes de chaque claſſe.

Cet examen ſera fait publiquement en préſence des Commandans des ports & des Commandans de chaque compagnie.

LXXXII.

Il en ſera rendu compte à Sa Majeſté.

Lorsque l'examen ſera fini, le Commandant du port & le Commandant de chaque compagnie feront, chacun ſéparément, une liſte apoſtillée de la bonne ou mauvaiſe conduite, ainſi que des talens des Gardes qui auront été examinés, & ils l'adreſſeront, chacun de leur côté, au Secrétaire d'État ayant le département de la Marine, auquel l'Examinateur remettra à ſon retour une pareille liſte dans laquelle il fera mention du degré de capacité qu'il aura reconnu à chaque Garde examiné.

LXXXIII.

Conditions pour l'avancement.

QUOIQUE Sa Majeſté veuille bien avoir égard, pour les avancemens, à l'ancienneté des ſervices des Gardes, Elle donnera cependant la préférence à ceux dont l'application & les connoiſſances auront été conſtatées par l'examen.

LXXXIV.

Certificat de mérite pour l'avancement.

SI quelque Garde du Pavillon & de la Marine, de la plus haute claſſe, après avoir été examiné ſur le cours entier d'étude d'obligation, étoit jugé digne par ſes connoiſſances d'être fait Enſeigne de vaiſſeau, il lui en ſera délivré un certificat ſigné du Commandant du port & du Commandant de la compagnie, dont un double ſera adreſſé au Secrétaire d'État ayant le département de la Marine, pour en rendre compte à Sa Majeſté, qui y aura égard lors des premiers remplacemens, & l'Examinateur en fera une note ſur la liſte particulière qu'il doit remettre audit Secrétaire d'État ayant le département de la Marine.

LXXXV.

Maîtres chargés des inſtrumens & des livres.

SA MAJESTÉ ayant fait fournir aux Écoles les livres, cartes & inſtrumens néceſſaires pour l'intelligence & la pratique des Sciences qui s'y enſeignent; veut que chaque Maître ſoit chargé & réponde de ceux qui le concernent; qu'il en ſoit fait un état ſigné de chacun d'eux, & remis au Commandant de la compagnie des Gardes de la Marine.

LXXXVI.

Fuſils fournis pour les écoles.

LES Gardes devant être inſtruits & exercés au maniement des armes, Sa Majeſté fera fournir dans chaque École un nombre ſuffiſant de fuſils & de gargouſſiers, qui ſeront entretenus propres par un Armurier payé à cet effet.

LXXXVII.

Défense de les sortir de l'hôtel.

DÉFEND Sa Majesté qu'on ne sorte aucun fusil de l'hôtel que dans les occasions où les compagnies prendront les armes dans le port.

LXXXVIII.

Fusils fournis pour la mer.

LES Gardes détachés sur les vaisseaux, continueront d'être armés de fusils tirés de l'arsenal, ils en répondront, & lesdits fusils au désarmement seront rendus en bon état par le Commandant de chaque détachement.

LXXXIX.

Inspection sur les bâtimens destinés aux écoles.

LE Commandant des Gardes de la Marine de chaque port, continuera comme par le passé d'être chargé de veiller à la sûreté & à l'entretien du bâtiment destiné aux Écoles.

XC.

Avertir l'Intendant & l'Ingénieur.

IL avertira l'Intendant de la Marine & l'Ingénieur chargé des bâtimens de l'arsenal, des réparations qu'il croira nécessaires pour la conservation de cet édifice.

XCI.

Rondes.

IL fera faire une ronde tous les soirs pour faire éteindre les feux.

XCII.

Autorité sur les Maîtres d'exercice & sur les Domestiques.

IL aura autorité sur les Maîtres d'exercice, en les traitant d'ailleurs avec les égards qui conviennent pour les faire respecter des Gardes; il aura aussi toute autorité sur les domestiques logés & entretenus pour le service des Écoles.

XCIII.

Discipline particulière lors de l'établissement d'un hôtel.

LORSQUE les Gardes du Pavillon-amiral & de la Marine, seront logés ensemble dans l'hôtel qui leur sera destiné; veut & entend Sa Majesté que chaque Commandant soit particulièrement chargé de veiller à la portion du bâtiment occupé par sa compagnie; que chacun ait la discipline particulière de sa troupe & l'autorité sur les domestiques affectés à chacun de leur quartier: Sa Majesté se réservant de faire connoître plus amplement ses intentions ſur la diſcipline commune à tout l'hôtel, lorſque les Gardes y ſeront logés.

XCIV.

Revues.

IL ſera fait à la fin de chaque mois, par le Commiſſaire de la Marine prépoſé à cet effet par l'Intendant de chaque port, la revue des compagnies des Gardes du Pavillon & de la Marine ſervant dans le port : lui défend Sa Majeſté, à peine d'interdiction, d'en employer aucun dans les extraits qu'il remettra à l'Intendant pour être envoyés au Secrétaire d'État ayant le département de la Marine, s'il n'a été effectivement préſent.

XCV.

Volontaires-Gentilshommes.

LE nombre auquel Sa Majeſté a jugé à propos de fixer les Gardes de la Marine dans chaque compagnie, ne permettant pas d'y recevoir tous les Gentilshommes qui ſe préſentent: Et Sa Majeſté voulant donner à la Nobleſſe de ſon royaume, les moyens de s'attacher au ſervice de la mer; permet que des Gentilshommes âgés de treize à quatorze ans, puiſſent ſervir ſur ſes vaiſſeaux en qualité de Volontaires, après toutefois qu'ils auront conſtaté leur naiſſance, produit leur extrait baptiſtaire, & que leur ordre pour s'embarquer leur aura été expédié par le Secrétaire d'État ayant le département de la Marine.

XCVI.

Autres Volontaires.

SA MAJESTÉ, pour procurer en même temps aux jeunes gens de bonne famille qui ſe deſtineroient à commander les bâtimens des particuliers, les connoiſſances des manœuvres & des évolutions néceſſaires pour bien naviguer dans les flottes & les convois; permet également qu'ils ſoient embarqués ſur ſes vaiſſeaux en la même qualité de Volontaires, pourvu qu'ils ſoient âgés de ſeize ans, & qu'ils aient navigué un an ſur les bâtimens marchands pour s'inſtruire des premiers élémens de la Navigation : il leur ſera auſſi expédié l'ordre néceſſaire à cet effet, après qu'ils auront produit leur extrait baptiſtaire; les certificats qui conſtateront leur origine, & ceux du temps de la navigation qui leur eſt preſcrite, ſignés des Capitaines ſous leſquels ils auront ſervi, & viſés des Commiſſaires aux claſſes du département où les bâtimens auront déſarmé.

XCVII.

Combien d'embarqués ſur chaque vaiſſeau.

Le nombre des Volontaires embarqués ſur chaque vaiſſeau, ſera fixé par Sa Majeſté, ſuivant le rang du vaiſſeau.

XCVIII.

Solde & rations.

Les Volontaires embarqués ſur les vaiſſeaux de Sa Majeſté, auront à bord une ration de vivres par jour, & quinze livres de paye par mois à leur première campagne; leur paye ſera augmentée de trois livres après ſix mois de navigation effective au ſervice de Sa Majeſté, & ainſi progreſſivement juſqu'à ce qu'elle ſoit parvenue à celle de trente livres.

XCIX.

Service & inſtruction à la mer.

Ils feront à bord le ſervice qui leur ſera preſcrit par le Commandant du vaiſſeau, & ils y feront inſtruits des principes de la navigation, de la manœuvre & du canonnage.

Le premier Lieutenant du vaiſſeau ou un des autres Officiers nommés à cet effet par le Commandant du vaiſſeau, ſera chargé de veiller particulièrement ſur leur conduite & inſtruction, & il en ſera rendu compte à la fin de la campagne au Secrétaire d'État ayant le département de la Marine.

C.

Habiles à commander les bâtimens des particuliers, après quatre ans & demi de navigation.

Les Volontaires, après quatre ans & demi de navigation, dont deux ſur les vaiſſeaux du Roi, & ayant atteint l'âge de vingt-deux ans, feront habiles à commander les bâtimens des particuliers, en préſentant à l'Amirauté les certificats de ſervice & de bonne conduite, dûment ſignés, & en ſubiſſant les examens ordonnés.

C I.

Les Volontaires-Gentilshommes qui auront quatre années de navigation, dont deux ſur les vaiſſeaux de Sa Majeſté, & qui auront vingt ans accomplis, pourront, après en avoir obtenu la permiſſion du Secrétaire d'État ayant le département de la Marine, ſe préſenter dans les ports pour y ſubir examen, & il en ſera délivré par le Commandant du port & l'examinateur, au Volontaire qui ſe ſera préſenté avec ſuccès, un certificat, dont copie ſera adreſſée au Secrétaire d'État ayant le département de la Marine, pour en rendre compte à Sa Majeſté, qui appellera ledit Volontaire à ſon ſervice lorſqu'Elle le jugera à propos.

Examen des Volontaires-Gentilshommes, & certificat dudit examen.

C I I.

A l'égard des autres Volontaires, Sa Majeſté ſe réſerve de faire choix de ceux d'entr'eux qui auront le plus d'expérience, & qui auront commandé des bâtimens marchands, pour les employer par commiſſion ſur ſes vaiſſeaux lorſqu'Elle aura beſoin de leurs ſervices; Sa Majeſté ſe propoſant de les admettre entièrement dans ſa Marine lorſqu'ils s'en ſeront rendus dignes par leurs belles actions dans les commandemens particuliers qui leur auront été confiés.

Comment les autres Volontaires qui auront commandé des bâtimens des particuliers, ſeront employés ſur les vaiſſeaux du Roi.

C I I I.

L'uniforme des Gardes du Pavillon-amiral, ſera de drap bleu-de-roi, doublé de ſerge écarlate ainſi que la veſte; les paremens du juſtaucorps, la veſte & la culotte ſeront de drap écarlate, les boutons de cuivre doré d'or moulu ſur bois juſqu'à la ceinture, trois ſur les manches & trois ſur chaque poche, une aiguillette en or ſur l'épaule droite, les bas écarlate, le bord du chapeau à la mouſquetaire, les épées & boucles de ſouliers dorées, unies, le ceinturon façon de peau d'élan, doublé & piqué de fil d'or, un bordé d'or large d'un pouce autour des manches & des poches du juſtaucorps.

Uniforme des Gardes du Pavillon.

Les Officiers de la compagnie feront habillés des mêmes étoffes & couleurs, l'habit & la veste bordés d'un galon d'or d'un pouce & demi, double bordé fur les manches.

C I V.

Uniforme des Gardes de la Marine.

L'UNIFORME des Gardes de la Marine, fera de drap bleu-de-roi, doublure de ferge écarlate, paremens, veste & culotte de drap écarlate, boutons de cuivre doré d'or moulu fur bois jufqu'à la ceinture, trois fur les manches & trois fur chaque poche, chapeau bordé d'or, les épées & boucles de fouliers dorées, unies, le ceinturon façon de peau d'élan, doublé & piqué de fil d'or, les bas écarlate; ils auront fur chaque épaule une épaulette d'or qui fera travaillée du même deffein que le galon de l'uniforme des Officiers de la Marine; ils fubftitueront à l'épaulette d'or une aiguillette d'or fur l'épaule droite, les jours de revue & de parade.

Les Officiers defdites compagnies n'auront d'autre uniforme que celui réglé pour leurs grades dans la Marine, ils porteront feulement une aiguillette d'or fur le grand uniforme & une épaulette fur le petit.

C V.

Porteront exactement l'uniforme.

VEUT Sa Majefté que les Officiers & Gardes portent toujours l'uniforme dans les ports & à la mer, leur défend d'y faire aucun changement; leur permet feulement de le porter en camelot de laine pendant l'été.

C V I.

Propreté & confervation des armes & des habits.

LES Officiers des compagnies auront attention que les armes & l'habillement des Gardes foient toujours propres & en bon état, & ils ne fouffriront pas qu'aucun Garde paffe en revue fans avoir fon habit complet.

MANDE & ordonne Sa Majefté à Monf. le Duc de Penthièvre, Amiral de France, aux Vice-Amiraux, Lieutenans généraux, Intendans, Chefs d'efcadre, Commandans des ports, Commandans des Gardes du Pavillon & de la Marine, Commissaires généraux & ordinaires de la Marine & autres qu'il appartiendra, de tenir la main à l'exécution de la présente ordonnance. FAIT à Versailles le quatorze septembre mil sept cent soixante-quatre. *Signé* LOUIS. *Et plus bas,* LE DUC DE CHOISEUL.

LE DUC DE PENTHIÉVRE, Amiral de France.

VU l'ordonnance du Roi ci-dessus, & des autres parts, à nous adressée: MANDONS aux Vice-amiraux, Lieutenans généraux, Intendans, Chefs d'escadre, Commandans des Ports, Commandans des Gardes du Pavillon & de la Marine, & autres qu'il appartiendra, de la faire exécuter suivant sa forme & teneur. FAIT à Versailles le dix-huit septembre mil sept cent soixante-quatre. *Signé* L. J. M. DE BOURBON. *Et plus bas,* Par son Altesse sérénissime. *Signé* DE GRANDBOURG.

A PARIS, DE L'IMPRIMERIE ROYALE. 1764.

www.ingramcontent.com/pod-product-compliance
Ingram Content Group UK Ltd.
Pitfield, Milton Keynes, MK11 3LW, UK
UKHW020234180726
13838UKWH00005B/2378